BEI GRIN MACHT SICH IHR
WISSEN BEZAHLT

AF140798

- Wir veröffentlichen Ihre Hausarbeit,
  Bachelor- und Masterarbeit

- Ihr eigenes eBook und Buch -
  weltweit in allen wichtigen Shops

- Verdienen Sie an jedem Verkauf

Jetzt bei www.GRIN.com hochladen
und kostenlos publizieren

GRIN ☺

Bibliografische Information der Deutschen Nationalbibliothek:

Die Deutsche Bibliothek verzeichnet diese Publikation in der Deutschen National-bibliografie; detaillierte bibliografische Daten sind im Internet über http://dnb.d-nb.de/ abrufbar.

Impressum:

Copyright © 2017 GRIN Verlag
Druck und Bindung: Books on Demand GmbH, Norderstedt Germany
ISBN: 9783668708976

Dieses Buch bei GRIN:

https://www.grin.com/document/426577

Katharina Flieger

Die Selbstwirksamkeitserwartung und die Psychologie des Gesundheitsverhaltens

GRIN Verlag

GRIN - Your knowledge has value

Der GRIN Verlag publiziert seit 1998 wissenschaftliche Arbeiten von Studenten, Hochschullehrern und anderen Akademikern als eBook und gedrucktes Buch. Die Verlagswebsite www.grin.com ist die ideale Plattform zur Veröffentlichung von Hausarbeiten, Abschlussarbeiten, wissenschaftlichen Aufsätzen, Dissertationen und Fachbüchern.

Besuchen Sie uns im Internet:

http://www.grin.com/

http://www.facebook.com/grincom

http://www.twitter.com/grin_com

Inhaltsverzeichnis

1 Selbstwirksamkeitserwartung

1.1 Definition Selbstwirksamkeitserwartung

Die Selbstwirksamkeitserwartung wird definiert als die subjektive Gewissheit, durch die eigenen Kompetenzen auch anspruchsvolle und schwierige Situationen ausführen zu können (Warner, 2017). Sie ist eine Kognition, die das Denken, Fühlen und Handeln sowie die Zielsetzung, Anstrengung und Ausdauer einer Person beeinflusst (Hohmann & Schwarzer, 2009, S. 61). Das Konzept der Selbstwirksamkeitserwartung beruht auf der 1977 begründeten sozialkognitiven Theorie von Albert Bandura (Bandura, 1977). Die individuelle Selbstwirksamkeit einer Person bestimmt die Überzeugung, mit der eine Person schwierige und neue Situationen und Anforderungen bewältigt. Die Person ist davon überzeugt, diese Situationen aufgrund der eigenen Kompetenzen beeinflussen und bewältigen zu können. Damit bezeichnet die Selbstwirksamkeit ebenso das Selbstvertrauen, Handlungen nicht nur zu beginnen, sondern diese auch abschließen zu können, indem auftretende Barrieren und Probleme überwunden und bewältigt werden (Hohmann & Schwarzer, 2009, S. 61; Schwarzer, 2002, S. 521). Die Selbstwirksamkeitserwartung beeinflusst indirekt die Leistung einer Person, da eine Person mit einer hohen Erwartung eine schwierige Aufgabe motivierter und ausdauernder verfolgt. Jedoch ist die Selbstwirksamkeit nicht mit den persönlichen Fähigkeiten einer Person zu verwechseln. Allgemein drückt die Selbstwirksamkeitserwartung eine „optimistische Einschätzung der generellen Lebensbewältigungskompetenz aus" (Warner, 2017). Unterscheiden lassen sich die allgemeine bzw. generalisierte und die situationsspezifische Selbstwirksamkeit. Die allgemeine Selbstwirksamkeitserwartung bedingt die generelle Lebensbewältigungskompetenz, während sich die situationsspezifische Selbstwirksamkeitserwartung auf bestimmte Handlungen bezieht (Hohmann & Schwarzer, 2009, S. 62; Schwarzer, 2004, S. 21-28; Schwarzer & Jerusalem, 2002, S. 39-40). Eine hohe Selbstwirksamkeit wird oft mit seltener auftretenden Depressionen, schulischem und beruflichem Erfolg, besserem Gesundheitsverhalten und Ähnlichem in Verbindung gebracht (Warner, 2017). Das Synonym zur Selbstwirksamkeitserwartung ist die Kompetenzerwartung (Knoll, Scholz & Rieckmann, 2013, S. 28; Schwarzer, 2004, S. 12).

1.2 Auswertung Fragebögen

An fünf Personen aus dem beruflichen und privaten Umfeld wurde die SSA-Skala der Selbstwirksamkeit zur sportlichen Aktivität (modifiziert nach Fuchs & Schwarzer 1994, S. 146) erprobt. Durch das Aufsummieren der zwölf Antworten ergibt sich ein Score zwischen 12 und 84. Im Folgenden wird die Bezeichnung „P" anstelle des Wortes „Person" verwendet. Die Scores der fünf Testpersonen ergeben sich wie folgt:

Wert der Selbstwirksamkeit

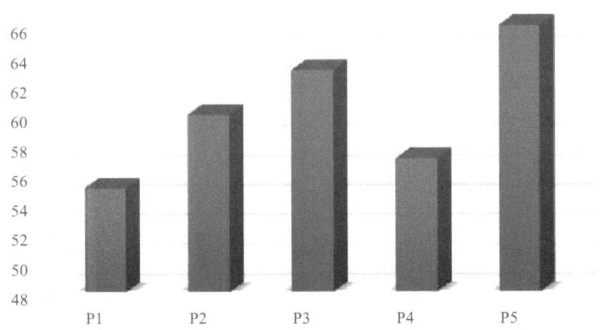

Abb. 1: Ergebnisse der SSA-Skala der Selbstwirksamkeit zur sportlichen Aktivität der fünf Testpersonen

P1 besitzt einen Selbstwirksamkeitsscore von 55, P2 von 60, P3 von 63, P4 von 57 und P5 von 66. Das Durchschnittsalter der Testpersonen beträgt 29,8 Jahre. Der durchschnittliche Wert der Selbstwirksamkeit liegt bei 60,2 und der durchschnittliche Mittelwert bei 5,016. Die männlichen Probanden P3 und P5 verfügen über eine sichtbar höhere Selbstwirksamkeit als die weiblichen Personen (P1, P2, P4). Daraus kann man schließen, dass die Selbstwirksamkeit männlicher Personen höher ist als die weiblicher. Die mit 49 Jahren älteste Testperson P2 liegt mit einem Score von 60 und einem Mittelwert von 5,0 annähernd im Gesamtdurchschnitt. Dies zeigt, dass die Selbstwirksamkeit vom Alter unabhängig ist. Die höchste Selbstwirksamkeit besitzen die Probanden bei Item 12 (interessantes Fernsehprogramm), der Durchschnittswert liegt bei diesem Item bei 6,6 von höchstens 7 Punkten. Auch bei den Items 4 (Ärger) und 9 (niemanden, der mit der Person Sport treibt) mit einem jeweiligen Mittelwert von 6,2 zeigen die Probanden eine hohe Selbstwirksamkeit. Den niedrigsten Durchschnittswert gaben die Probanden bei Item 6 (Besuch von Freunden) an, dieser liegt bei 2,6. Auch Item 7 (Unternehmungen anderer Personen) mit einem durchschnittlichen Wert von 3,0 und Item 8 (Beanspruchung durch Familie/Partner) mit einem Mittelwert von 3,2 liegen sehr niedrig. Bei der Betrachtung der Werte pro Item fällt auf, dass die Selbstwirksamkeit aller Probanden im sozialen Bereich am niedrigsten ist, während die Werte im emotionalen Bereich vergleichsweise hoch sind. Die angegebenen Werte des Items 10 (schlechtes Wetter) fallen sehr unterschiedlich aus, da dies sehr von der ausgeübten Sportart abhängig ist. Eine sichtbar hohe Selbstwirksamkeit beweisen die Probanden im emotionalen Bereich, wie z.B. bei Angespanntheit, Niedergeschlagenheit, Ärger etc. Die Teilnehmer sind sich in diesen Punkten sehr sicher, die geplanten Sportaktivitäten trotzdem ausführen zu können.

1.3 Vergleich zweier Studien

Tab. 1: Vergleich der Studien von Dohnke et al. (2006) und Schneider & Rief (2007)

	Dohnke et al. (2006)	Schneider & Rief (2007)
Fragestellung(en)	Untersucht wird der Einfluss von Ergebnis- und Selbstwirksamkeitserwartungen auf die Ergebnisse einer stationären Rehabilitation nach einem Hüftgelenkersatz anhand zweier Hypothesen. Erstens wird angenommen, dass die Ergebnis- und Selbstwirksamkeitserwartungen zu Reha-Beginn eine Vorhersage über die Ergebnisse am Reha-Ende treffen lassen. Die zweite Hypothese nimmt an, dass das Ausmaß beider Erwartungstypen zu Reha-Beginn beeinflusst wird, je besser die behandlungsbezogenen Erfahrungen, der körperliche Gesundheitszustand und das emotionale Wohlbefinden sind.	Die Studie untersucht, ob Therapieerfolge in den Bereichen Schmerzbewältigung und Beeinträchtigung bei Patienten mit anhaltender somatoformer Schmerzstörung (ICD-10: F45.4) zu einer Steigerung der Selbstwirksamkeitserwartung beitragen. Weiterhin untersucht wird, welchen relativen Beitrag Erfolge in den unterschiedlichen Bereichen zur Steigerung der Selbstwirksamkeitserwartung leisten.
Stichprobe	Es nahmen 1065 Patienten teil, 60% davon waren Frauen und das Durch-	Die Eingangskriterien erfüllten 319 Patienten, von denen 316 bei Auf-

	Dohnke et al. (2006)	Schneider & Rief (2007)
	schnittsalter betrug 64,58 Jahre. 92% der Patienten hatten eine Hüftarthrose und die Reha-Maßnahme begann durchschnittlich 21,56 Tage nach der Operation und dauerte im Mittel 22,64 Tage.	nahme und 298 bei Entlassung einen vollständig ausgefüllten Fragebogen abgaben. Demnach entspricht die Rücklaufquote 93,1%. Die 316 Patienten waren durchschnittlich 47,9 Jahre alt und 85,1% weiblich. Sie blieben im Mittel 38,4 Tage in der stationären Behandlung und erhielten durchschnittlich 2,6 Diagnosen im ärztlichen Entlassungsbericht. Zur Kreuzvalidierung wurde die Gesamtstichprobe in zwei Hälften geteilt.
Materialien/Test	Die Patienten mussten bei Reha-Beginn (T1), am Reha-Ende (T2) und sechs Monate nach der Entlassung (T3) einen Fragenbogen beantworten. Zu Reha-Beginn wurde nach Alter, Geschlecht, Schmerzen, eingeschränkten ADL-Funktionen, Ergebnis- und Selbstwirksamkeitserwartungen, Depressivität und behandlungsbezogenen Erfahrungen gefragt sowie Arztangaben zum körperlichen Gesundheitszustand erfasst. Am Reha-Ende wurden Angaben zu Alter, Geschlecht, Schmerzen und eingeschränkten ADL-Funktionen erfragt. Die Angaben zu den Schmerzen, den eingeschränkten ADL-Funktionen, Depressivität sowie Behandlungsergebnis- und Selbstwirksamkeitserwartungen wurden anhand verschiedener numerischer Rankingskalen gemessen und ausgewertet. Mit diesen Ergebnissen wurde die Vorhersagekraft der zu Reha-Beginn erfassten Erwartungstypen für die Be-	Mit der Betrachtung des theoretischen Hintergrundes ergaben sich vier Hypothesen und zwei offene Fragestellungen, die anhand der Untersuchungen belegt und beantwortet werden sollen. Alle Patienten erhielten ein individuell abgestimmtes Therapieprogramm, welches auf dem biopsychosozialen Störungsmodell basiert. Zur Analyse der Hypothesen wurden Strukturgleichungsmodelle formuliert und anhand konfirmatorischer Pfadanalyse mit dem Programm LISREL 8.7 überprüft. Aus den Analysen ergab sich die Nutzung von Maßen der statistischen und praktischen Signifikanz. Da der Test Stichproben mit einer Anzahl von über 200 oft falsifiziert, wurde die Prüfgröße nur bei Testungen der Kreuzvalidierungsgruppen und nicht bei Testungen der Gesamtstichprobe berücksichtigt.

	Dohnke et al. (2006)	Schneider & Rief (2007)
	handlungsergebnisse am Reha-Ende untersucht. Daraufhin wurde im Querschnitt analysiert, welche Faktoren (körperlicher Gesundheitszustand, emotionales Wohlbefinden und behandlungsbezogene Erfahrungen) die Ergebnis- und Selbstwirksamkeitserwartungen zu Reha-Beginn beeinflussten. Vor Beginn der Studie wurden zwei Hypothesen formuliert, die nach der Untersuchung überprüft und bewertet wurden.	Zur Erfassung der Veränderungen wurden die zwei Ansätze der direkten und der indirekten Veränderungsmessung angewandt. Zur indirekten Messung wurde der Ist-Zustand zweier Messzeitpunkte erhoben und die Differenz berechnet. Zur direkten Messung sollten die Probanden das Ausmaß der Veränderung selbst beurteilen.
Untersuchungs-design	Es handelt sich um eine prospektive Beobachtungsstudie, unterteilt in eine multizentrische Längsschnitterhebung und eine Querschnittsanalyse, welche hypothesenprüfend sind. Sie wurde experimentell in 13 orthopädischen Reha-Kliniken durchgeführt und enthielt drei Messzeitpunkte.	Die Untersuchung fand im Rahmen einer Feldstudie mit anfallender Stichprobe und zwei Messzeitpunkten statt. Alle Patienten mit o.g. Diagnose, die zwischen April 2002 und Juli 2003 an der Edertalklinik in Bad Wildungen konsekutiv aufgenommen wurden und eine stationäre psychosomatische Rehabilitation erhielten, wurden in die Studie aufgenommen.
Hauptergebnisse	Das Ergebnis der Längsschnittanalyse zeigt, je höher die von den Patienten wahrgenommene schmerz- bzw. ADL-bezogene Selbstwirksamkeit war, desto geringere Schmerzen bzw. weniger eingeschränkte ADL-Funktionen erwarteten diese für das Reha-Ende. Die Querschnittsanalyse ergab, dass die Erwartungstypen umso höher ausgeprägt waren, je besser der körperliche Gesundheitszustand war. Zudem war die Selbstwirksamkeitserwartung bei geringen Depressivitätswerten	Die Strukturgleichungsmodelle bestätigten die Hypothesen, dass Verbesserungen der Schmerzbewältigungsstrategien, Reduktion der schmerzbedingten und allgemeinpsychischen Beeinträchtigung sowie direkt erlebte und erfragte Therapieerfolge über direkte Effekte zu einer Steigerung der Selbstwirksamkeitserwartung beitragen. Beide Modelle führten zu einer Varianzaufklärung der Änderungen im Bereich der Selbstwirksamkeitserwartungen von

Dohnke et al. (2006)	Schneider & Rief (2007)
geringer und die Ergebniserwartung positiver bei höherer Selbstwirksamkeitserwartung. Zukünftig sollte man Ergebnis- und Selbstwirksamkeitserwartung in der Reha-Forschung sowie der Reha-Praxis stärker beachten und anwenden.	65%. Bei Patienten mit somatoformer Schmerzstörung ändern sich Selbstwirksamkeitserwartungen in Abhängigkeit von Veränderungen der erlebten Beeinträchtigungen und Schmerzbewältigungsstrategien. Die Steigerung der Selbstwirksamkeitserwartungen ist ein wichtiges Therapieziel für eine erfolgreiche Behandlung von Patienten mit chronischen Schmerzen. Eine gesteigerte Selbstwirksamkeit erhöht ebenso den Einsatz der Copingaktivität. Für die Praxis ergibt sich die Konsequenz, dass es sinnvoll ist, effektive Schmerzbewältigungsstrategien zu vermitteln, um zu einer Reduktion der behavioralen und emotionalen Beeinträchtigungen zu gelangen.

Die Studie von Dohnke et al. (2006) erfasst die Daten von 1065 teilnehmenden Patienten an drei Messzeitpunkten, während Schneider & Rief (2007) zu zwei Messzeitpunkten die Ergebnisse von lediglich 316 Patienten untersuchen. Eine größere Anzahl der Stichprobe lässt bessere allgemeine Rückschlüsse ziehen, da eine größere Datenmenge zur Auswertung verfügbar ist, und „Ausreißer" bei einer Auswertung nicht so leicht in das Gewicht fallen. Der dritte Messzeitpunkt T3 bei Dohnke et al. (2006) wurde zumindest zum Zeitpunkt der Datenauswertung nicht mit in die Ergebnisse einbezogen, da Berichte und Ergebnisse dieses Messzeitpunktes in der Studie fehlen.

Das Design der Untersuchung Dohnkes et al. (2006) ist das einer prospektiven Beobachtungsstudie. Hierbei wurde eine bewusste Auswahl der Stichprobe an 13 Kliniken vorgenommen. Im Gegensatz dazu steht das Design der Feldstudie der Untersuchung von Schneider & Rief (2007), welches einer Zufallsauswahl der Stichprobe entspricht. Dohnke et al. (2006) nutzt zur Analyse der Studie einen doppelten Ansatz, zum einen wurde eine multizentrische Längsschnittanalyse erhoben und zum zweiten eine Querschnittsanalyse. Beide Formen bieten unterschiedliche Sichtweisen und liefern umfassende Ergebnisse der Studie.

Die Studie von Schneider & Rief (2007) hingegen erhebt eine direkte Veränderungsmessung in Form eines Fragebogens, in dem das Maß der Veränderung vom Patienten selbst beurteilt wird sowie eine indirekte Messung durch die Feststellung des Ist-Zustandes an zwei Messzeitpunkten durch Dritte. Diese Methode erlaubt wiederum die Analyse der Ergebnisse in zwei Dimensionen.

Beiden Studien gemein ist das Erteilen einer allgemeinen Empfehlung, die Selbstwirksamkeitserwartung in der Reha-Praxis sowie Reha-Forschung stärker mit einzubeziehen und bei den Patienten zu fördern.

2 Literaturrecherche: Suchterkrankungen

Definition des Handlungsfeldes

1957 definierte die WHO Sucht als einen Zustand periodischer oder chronischer Vergiftung, der durch den wiederholten Gebrauch von natürlichen oder synthetischen Substanzen hervorgerufen wird und wird durch ein unbezwingbares Verlangen der Beschaffung und Konsumierung des Mittels, der Tendenz zur Dosissteigerung und der psychischen sowie physischen Abhängigkeit der Wirkung der Substanz bestimmt (Deutsche Hauptstelle für Suchtfragen, 2017). Sucht bezeichnet somit eine körperlich-psychische Abhängigkeit. Sie ist ein Krankheitszustand, der von einem dauerhaften, unbezwingbaren Verlangen bestimmt ist, regelmäßig bestimmte Substanzen einzunehmen. Mit dem Konsum wird entweder ein Wohlgefühl erreicht oder Missempfindungen beseitigt (Wormer & Bauer, 2004, S. 431). Eine süchtige Person schadet ihrer eigenen physischen und/oder psychischen Gesundheit und zieht oft auch ihr soziales Umfeld in Mitleidenschaft (Berger, 2003, S. 12). Das Suchtverhalten bestimmt die Betroffenen oft in dem Maße, dass andere Verhaltensweisen dem Suchtverhalten unterworfen werden (Stauder, 2009, S. 21). Ein Missbrauch liegt vor, wenn durch den Konsum der Substanzen oder durch das Verhalten einer Person Schäden im physischen, sozialen oder psychischen Bereich entstehen (John, 1999, S. 4).

Theoretische Grundlagen

Es gibt zwei Formen des Suchtverhaltens. Man unterscheidet die Sucht nach dem Konsum einer bestimmten Substanz, wie zum Beispiel die Tabak- oder Alkoholsucht, und die Sucht nach der Ausführung bestimmter Handlungen, wie die Glückspiel- oder Sexsucht. Zu diesen gehören auch Verhaltensweisen wie Essstörungen, Zwangsstörungen und pathologisches Kaufverhalten (Bell, 2015, S. 20). Bezeichnet wird der Unterschied als stoffgebundene und nicht stoffgebundene Suchterkrankungen bzw. „Verhaltenssucht". Auch muss man zwischen legalen (psychoaktive Substanzen, z.b. Alkohol, Tabak, Medikamente) und illegalen Suchtmitteln (z.B. Cannabinoide, Amphetamine, Kokain, Opioide) unterscheiden.

Weiterhin unterscheiden lässt sich die psychische und physische Abhängigkeit. Eine psychische Abhängigkeit äußert sich in zwanghaften Verhaltensmustern, eine physische Abhängigkeit im Auftreten von Entzugssymptomen.

Entstehung

Bei der stoffgebundenen Suchterkrankung ist die Verfügbarkeit des Suchtmittels sehr bedeutsam. Eine Sucht nach einem legalen Mittel entsteht weitaus schneller als die nach einem illegalen Mittel. Doch der alleinige Konsum der Substanz reicht zur Entstehung einer Sucht nicht aus, die drei Ebenen Griffnähe, Subjekt und Umgebung müssen gemeinsam wirken (Kielholz & Ladewig, 1972).

Es gibt zahlreiche Risikofaktoren, die die Entstehung eines Suchtverhaltens begünstigen. Zum einen wird die Entstehung einer Sucht oft durch das soziale Umfeld der betroffenen Person bedingt. Zum anderen sind psychische Erfahrungen wie nicht bewältigter Stress und traumatische Erfahrungen (emotionaler und körperlicher Missbrauch oder Vernachlässigung) mögliche Ursachen für die Entstehung einer Sucht (Walter et al., 2015, S. 202).

Oft wird eine Sucht bei einer betroffenen Person bagatellisiert und verharmlost, gerade bei der Alkoholabhängigkeit und Tabaksucht ist dies der Fall.

Die Entstehung einer Sucht ist jedoch unabhängig von Alter oder Geschlecht einer Person und kann nicht durch die Betrachtung einer Persönlichkeit vorhergesagt werden (Suhr-Brunner, 1994, S. 27).

Überblick über aktuelle Daten und Zahlen

Die legalen Suchtmittel wie Tabak, Alkohol und in gewissem Maße auch Medikamente sind die meist konsumierten Substanzen. Das am meist verbreitete Suchtmittel ist im Rahmen der Tabaksucht die Zigarette. In Deutschland rauchen etwa 14,7 Millionen

Menschen. Medikamentenabhängig sind circa 2,3 Millionen Deutsche und alkoholabhängig 1,8 Millionen. Bei illegalen Substanzen ist es weitaus schwieriger, genaue Zahlen zu nennen, die Dunkelziffer ist wohl weitaus höher. Geschätzt konsumieren 600.000 Menschen Cannabis und 500.000 sind zeigen ein auffälliges Glücksspielverhalten. Die weiterhin rasch steigende Anzahl der Computer- und Onlineabhängigen liegt zurzeit bei etwa 600.000 Personen in Deutschland (Bundesministerium für Gesundheit [BMG], 2017a). Die Zahlen zum Alkoholmissbrauch lassen sich am besten erheben. Etwa 9,8 Millionen Deutsche konsumieren Alkohol in gesundheitlich bedenklichen Mengen (BMG, 2017b). Alkohol in riskanten Mengen trinken 15,8 Prozent und es rauchen etwa zwölf Prozent der 11- bis 17-jährigen Kinder und Jugendlichen in Deutschland (Lampert & Kuntz, 2014, S. 834-835). 29,7 % der 18- bis 79-jährigen Deutschen rauchen (Lampert, Von der Lippe & Müters, 2013, S. 804).

Präventions- und Interventionsprogramme

Präventionsprogramme sind wichtige Determinanten, um das Entstehen einer Suchterkrankung zu bekämpfen oder sogar zu verhindern. Zu den wichtigsten Interventionen gehören die gesetzlich geregelten Altersfreigaben (bei Alkohol und Zigaretten) sowie Werbeverbote (z.b. das Verbot von Werbung für Tabak in Kinos).

Zur Primärprävention gehören viele staatlich geförderte Projekte, die vor allem auf Kinder und Jugendliche zielen. Angewandt werden diese vor allem im Setting der Schule, in welchem die Schüler vor allem auf die Auswirkungen von Zigaretten, Drogen und Alkohol sensibilisiert werden. Ein Beispiel eines solchen Projektes ist die als Wettbewerb organisierte Kampagne „Be smart – don't start" (Institut für Therapie- und Gesundheitsforschung gGmbH (IFT-Nord), 2017).

Auch in der Sekundärprävention gibt es viele staatliche Projekte. Hier zu nennen ist z.B. die Kampagne „rauchfrei" der BZgA (Bundeszentrale für gesundheitliche Aufklärung [BZgA], 2017), welche Rauchern bei dem Beenden ihres Suchtverhaltens unterstützt.

Aber auch am Setting des Arbeitsplatzes gibt es betriebliche Suchtpräventionsprogramme, deren Wirksamkeit durch Studien untersucht und belegt wurden (Ennenbach, Gass, Reinecker & Soyka, 2009).

Konsequenzen für eine gesundheitsorientierte Beratung

Es ist wichtig, dass hierbei zuerst unterschieden wird, ob es sich bei der Suchterkrankung um eine Erkrankung mit gesundheitsschädlichen Konsequenzen handelt oder nicht. Eine gesundheitsorientierte Beratung sollte darauf zielen, dass die erkrankte Person ihr Suchtverhalten dezimiert oder gänzlich aufgibt.

Bei einer Beratung sollte die betroffene Person unbedingt mit den Konsequenzen ihres Verhaltens konfrontiert werden. Suchterkrankten Personen ist oft nicht bewusst, in welchem Maße sich ihr Verhalten gesundheitsschädigend auswirkt. Darum sollte auch eine Aufklärung stattfinden. Mit Auswirkungsfragen sollte die betroffene Personen in die Richtung gelenkt werden, dass sie selbst erkennt, dass sie ihren Lebensstil ändern muss. Der Berater sollte das Problembewusstsein der Person stärken. Stoffgebundene Süchte sind vom gesundheitspsychologischen Aspekt her einfacher zu bekämpfen, da dem Erkrankten die negativen Auswirkungen seines Verhaltens besser aufgezeigt werden können. Eine Verhaltenssucht wie das pathologische Glücksspiel wirkt sich nicht in dem Maße negativ auf die Gesundheit aus wie zum Beispiel eine Alkoholabhängigkeit.

Nicht nur mit den Auswirkungen auf die Gesundheit sollte die betroffene Person konfrontiert werden, sondern auch mit den beachtlichen Kosten, die für sie durch das Verhalten entstehen, gleichermaßen bei stoffgebundenen Suchterkrankungen wie eine Tabaksucht, wie auch bei dem pathologischen Glücksspiel.

Weiterhin entscheidend in der gesundheitsorientierten Beratung ist, dass der Berater die Motive und Beweggründe erforscht, die beim Betroffenen zu seinem Suchtverhalten geführt haben. Mit dem Wissen um die Ursache des Suchtverhaltens kann der Berater dem Erkrankten weiterhelfen, sein Suchtverhalten zu bekämpfen.

Gesundheitspsychologisch wirksam ist die Stärkung der Ressourcen und Schutzfaktoren des Betroffenen durch den Berater sowie eine Steigerung der Selbstwirksamkeit.

3 Beratungsgespräch

3.1 Prozess der Verhaltensänderung – Fallbeispiel 3

Gemessen anhand des Transtheoretischen Modelles (TTM) von Prochaska (Prochaska, 1979; Prochaska & DiClemente, 1984) befindet sich Frau Wagner (Fallbeispiel 3) in Stufe 2 der „Stages of change", der Absichtsbildung („contemplation"). Die Absichtsbildung fällt in die Phase der Intention. Frau Wagner ist gewogen, ihre inaktive Lebensweise zu verändern, somit ist die Stufe der Absichtslosigkeit verlassen. Jedoch weiß sie nicht, wie sie diese Veränderung beginnen und den ersten Schritt zu einer körperlich aktiveren Lebensweise angehen soll, womit die Stufe der Vorbereitung noch nicht erreicht ist. Personen in dieser Phase haben sich bereits bewusst mit ihrem Risiko-verhalten auseinandergesetzt, haben aber noch keine Maßnahmen zur Verhaltensände-rung ergriffen. Sie besitzen jedoch die Absicht, ihr Verhalten in absehbarer Zeit verän-dern (Faselt & Hoffmann, 2010, S. 79; Schmid, Keller, Nigg & Basler, 1999, S. 21; Schwarzer, 2004, S. 87).

Frau Wagner befindet sich anscheinend bereits längere Zeit in der Stufe der Absichts-bildung, kann diese aber ohne Unterstützung und Hilfe von außen nicht verlassen, da sie nicht weiß, wie sie ihre Inaktivität beenden kann.

Während der Beratung als überaus wichtig stellt sich eine Kosten-Nutzen-Abwägung der Änderung des Lebensstils heraus. Diese sollte bei einem Gespräch in jedem Fall durch den Berater angewandt werden. Die Wahrscheinlichkeit einer Umsetzung und Beibehaltung eines aktiven Lebensstils steigt, je wichtiger die Vorteile und je unwichti-ger die Nachteile der Verhaltensänderung empfunden werden (Schmid et al., 1999, S. 148). Auch Frau Wagner muss erkennen, dass die Vorteile einer Verhaltensänderung überwiegen, um ihre inaktive Lebensweise dauerhaft verändern zu können. Der erste Schritt der gesundheitspsychologischen Beratung für Frau Wagner ist, Stufe 3, die Stufe der Vorbereitung, zu erreichen. Solange sich die Vor- und Nachteile einer Verhaltens-änderung ausgleichen, ist es nicht möglich, diese sehr stabile Phase der Absichtsbildung zu verlassen (Schmid et al., 1999, S. 21).

Das gesundheitspsychologisch wichtigste Ziel während der Phase der Intention und Zielbildung ist, eine Zielformulierung seitens des Kunden selbst zu erreichen. Hat der Kunde den Nutzen der Verhaltensänderung erkannt und eine feste Absicht gebildet, kann der Rubikon mithilfe einer genauen Zielformulierung überschritten werden.

3.2 Rolle des Beraters

Ein Berater unterstützt und beeinflusst eine Person in einem Entscheidungsprozess. Da-bei informiert und berät er die Person. Bei diesem Prozess sollte der Berater personen-zentriert handeln. Für eine Lösungsfindung zum besten Nutzen des Kunden ist es wich-tig, dass der Kunde durch eine optimale Gesprächsführung des Beraters die Möglichkei-ten zur Realisierung seiner persönlichen Ziele selbst findet und diese nicht durch den Berater vorgegeben werden. Wichtig ist, dass der Klient die Lösungen und Wege zu seinem persönlichen Gesundheitsziel selbst findet.

Der Berater sollte für den Kunden nicht die Rolle eines Verkäufers, sondern die eines Begleiters einnehmen. Er hilft dem Klienten, dessen Maßstäbe und Werte herauszufinden und bestmöglich umzusetzen. Um eine optimale Zielerreichung zu ermöglichen, schafft der Berater die nötigen Bedingungen und Herausforderungen.

Der Berater ist somit ein Hilfsmittel zur Selbsthilfe.

Der erste Schritt der gesundheitspsychologischen Beratung ist die Vorbereitung auf das Gespräch. Dazu gehört eine organisatorische sowie mentale Vorbereitung seitens des Beraters. Der Berater sollte alle für das Gespräch nötigen Unterlagen und Materialien bereit haben und sich falls möglich im Vorhinein über den Kunden informieren. Durch die mentale Vorbereitung erlangt der Berater eine innere Sicherheit, die er nach außen widerspiegelt. Der wichtige erste Eindruck des Beraters beim Kunden entsteht bei der darauffolgenden Kontaktaufnahme. Entscheidend ist dabei die nonverbale und paraverbale Kommunikation. Blickkontakt und Lächeln schaffen dabei eine Sympathie, und eine aufrechte Körperhaltung und ansprechendes Erscheinungsbild bieten eine Grundlage für eine positive Beziehungsebene. Der Aufbau einer persönlichen Beziehung zwischen Kunde und Berater ist entscheidend für die weitere gesundheitspsychologische Beratung.

3.3 Gesprächsverlauf

(Wichtig: auf Körpersprache und Tonalität sowie auf ein gepflegtes Äußeres etc. achten. Im Voraus organisatorische sowie mentale Vorbereitung auf das Gespräch)

Berater: „Herzlich Willkommen im „Sportsmed", mein Name ist Katharina Flieger. Was bringt Sie zu uns?" (Erste Informationen gewinnen)

Kunde: „Guten Tag, ich bin Frau Wagner. Ich überlege, mich hier anzumelden und wollte mich von Ihnen beraten lassen."

Berater: (Aufbau einer positiven Beziehungsebene) „Es freut mich, dass sie zu uns gefunden haben, Frau Wagner. Bitte setzen Sie sich. Zu Anfang möchte ich Ihnen gerne ein paar Fragen stellen, um mir ein besseres Bild von Ihnen und Ihren Zielen machen zu können. Ich möchte Ihnen ein individuell auf Sie angepasstes Angebot machen, damit wir Sie Ihren Zielen nahe bringen können."

(Sitzposition schräg gegenüber. Kunde sitzt mit uneingeschränktem Blick auf das Studio. Der ideale Abstand beider beträgt etwa 1,3 bis 2,3 Meter. Berater macht sich Notizen, um Aufmerksamkeit und Interesse zu signalisieren. Er sieht, dass die Kundin eine junge Frau Anfang 30 und normalgewichtig ist, muss daher nicht danach fragen) „Waren Sie schon einmal in einer Fitnessanlage? Und treiben Sie derzeit anderweitig Sport?" (Verwendung offener Fragen, um so viele Informationen wie möglich durch den Kunden selbst zu erlangen. Herausfinden der Motive und Beweggründe. Klient spricht zu 80% und der Berater zu 20%. Aktives Zuhören zur Aufrechterhaltung des Redeflusses)

Kunde: „Nein, ich treibe gar keinen Sport, was ich aber gerne ändern möchte. Allerdings gehe ich auch nicht gerne raus, also spazieren oder gar joggen ist nichts für mich."

Berater: „Somit ist ein Training in einem Studio besser für Sie geeignet. Was machen Sie beruflich? Sitzen Sie lange am Arbeitsplatz?"

Kunde: „Ich bin Geschäftsführerin eines Unternehmens und arbeite leider oft lange. Dabei sitze ich überwiegend entweder im Büro oder im Auto. Auch arbeite ich oft 50 Stunden oder länger in der Woche und bin zudem öfter auf Geschäftsreisen und abends zu Geschäftsessen verabredet. Deswegen finde ich auch nicht so richtig die Zeit, vielleicht mal etwas Sport zu treiben."

Berater: „Wenn ich das richtig verstehe, haben Sie also einen recht unregelmäßigen Tagesablauf?"

Kunde: „Richtig. Deshalb weiß ich auch nicht, wie ich das angehen kann, mehr Sport zu treiben. Oft bin ich nach der Arbeit so ausgelaugt, dass ich mich auch nicht zum Sport motivieren könnte."

Berater: „Zu uns zu kommen ist schon ein erster Schritt in die richtige Richtung. Damit ich Ihnen zur Seite stehen kann, müsste ich noch wissen, ob Sie eventuelle Erkrankungen oder körperliche Einschränkungen haben." (Einwandvorbehandlung)

Kunde: „Ja, ich habe eine Hypertonie. Ich denke, dass dies auch der Grund ist, weshalb ich mich oft so abgeschlagen fühle und müde bin. Ansonsten bin ich kerngesund."

(Problembewusstsein der Auswirkungen körperlicher Inaktivität beim Kunden durch Informieren und Aufklären schaffen. Kunde zur Selbstreflektion mithilfe von Auswirkungsfragen zwingen, aber keine Furchtappelle nutzen. Aufzeigen der kurzfristigen positiven Konsequenzen. Positive Sicht und Hin-zu-Ziele aufzeigen und stärken)

Berater: „Dem Bluthochdruck können Sie gut mit Sport entgegenwirken. Bewegung kann den Blutdruck senken. Körperlich steht Ihnen also nichts im Wege." (Information und Einwandvorbehandlung)

„Was denken Sie denn, wie sich eine Beibehaltung und auch eine Änderung Ihres Verhaltens auswirken kann?" (Kunde zu kritischer Auseinandersetzung mit seinem Gesundheitsverhalten zwingen)

Kunde: „Nun, wenn ich nichts ändere, könnte ich eventuell zunehmen. Immerhin gehe ich nun auf die 40 Jahre zu. Ich habe einfach keinen Ausgleich zu meiner Arbeit. Wenn ich sportlich aktiv werde, denke ich, dass ich mich allgemein besser fühlen könnte und auch ausgeglichen sein könnte. Ich hoffe, dass ich dann auch nicht mehr so oft müde bin und mich einfach besser fühle. Zudem wäre es auch schön, ein bisschen sportlich zu sein und so auszusehen." (Selbsteinschätzung des Kunden fördern)

Berater: „Sportlich aktiver zu sein, wird sich in jedem Fall positiv auf Ihre Gesundheit auswirken."

Kunde: „Das Problem ist, dass ich wirklich wenig Zeit zum Sport habe und durch meine Arbeit keinen Tag fest einplanen kann, an dem ich regelmäßig hierher kommen könnte."

Berater: (Kosten-Nutzen-Abwägung durch Waage oder Vierfelder-Schema. Kognitive und emotionale Vorbereitung auf Handlungsausführung bzw. präaktionale Volitionsphase. Vergleich der Verhaltensänderung und Bewertung möglicher Barrieren)

„Wägen wir Ihre gegenwärtige Situation einmal gemeinsam ab. In Ihrer Situation scheint es zunächst schwierig, die nötige Zeit zu finden, regelmäßig Sport zu treiben."

Kunde: „Außerdem zweifele ich an meiner Motivation, dies wirklich durchzuziehen. Allerdings würde ich mich durch die sportliche Aktivität wesentlich besser fühlen."

Berater: „Bei einer regelmäßigen Aktivität wird sich auf jeden Fall Ihr Wohlbefinden und ihre Fitness verbessern. Sie werden beweglicher, bekommen eine bessere Figur und auch ein besseres Immunsystem. Außerdem können Sie zum Beispiel in Kursen soziale Kontakte gewinnen. Ich denke, die Vorteile überwiegen die Nachteile."

(Unterstützung bei Intentionsbildung. Aufzeigen der Ressourcen. Stärkung der Selbstwirksamkeit)

„Als Geschäftsführerin eines Unternehmens haben Sie mit Sicherheit schon einige Barrieren überwinden müssen und einiges erreicht. Auf einer Skala von eins bis zehn: Wie sicher sind Sie, dass Sie in der Lage sind, Ihre Inaktivität erfolgreich zu überwinden?"

Kunde: „Ich denke, so etwa sieben bis acht."

Berater: „Das hört sich doch sehr gut an. Ich stehe Ihnen auf Ihrem Weg in jedem Fall zur Seite." (Soziale Unterstützung zur Ressourcenstärkung aufzeigen)

Kunde: „Darüber bin ich sehr froh. Vielleicht finde ich zudem noch Bekannte, die mit mir Sport treiben würden."

Berater: „Diese würden Sie sicherlich unterstützen. Wie hoch ist Ihr Budget? Ich möchte Ihnen gerne ein individuell auf Sie abgestimmtes Angebot machen. Wichtig ist auch, dass Sie Spaß am Training haben." (Einwandvorbehandlung)

Kunde: „Finanziell bin ich vollkommen unabhängig."

Berater: „Ich denke, das Beste für Sie ist unser All-In-Paket mit der Nutzung aller Trainingsflächen, dem Kursprogramm und der Möglichkeit zur Teilnahme am Gruppentraining. Außerdem machen wir ein Mal im Monat einen Termin zur Besprechung des Verlaufes und erarbeiten bzw. überarbeiten einen optimalen Trainingsplan für Sie. Der Beitrag liegt bei 35 Euro im Monat. Wie klingt das für Sie?" (Preis erklären)

(Zielformulierung und Zielerarbeitung anhand SMART-Formel. Optimales Verhältnis zwischen verlaufs- und ergebnisorientierter Planung muss gefunden werden. Kunde über Rubikon führen (Verkauf bedeutet tatsächlichen Entschluss). Erarbeitung eines handlungswirksamen Zieles)

Kunde: „Ja, ich werde eine Mitgliedschaft abschließen. Ich werde es einrichten, dass ich mindestens einmal pro Woche für eine Stunde zum Training kommen werde. Ich freue mich sogar schon darauf, ausgeglichener und fitter zu werden und bin mir sicher, dass ich den Sport mit meinem Beruf in Einklang bringen kann."

Berater: „Das freut mich sehr. Dann werden wir gleich einen Termin für Ihr erstes Training vereinbaren, bei dem ich Sie begleiten werde."

4   Literaturverzeichnis

Bandura, A. (1977). *Social learning theory.* Englewood Cliffs: Prentice-Hall.

Bell, A. (2015). *Philosophie der Sucht. Medizinethische Leitlinien im Umgang mit Abhängigkeitskranken.* Wiesbaden: Springer.

Berger, R. (2003). *Gewohnheit, Sucht und Tradition.* Dissertation. Universität Leipzig. Leipzig.

Bundesministerium für Gesundheit (Hrsg.). (2017a). *Sucht und Drogen.* Zugriff am 15.03.2017. Verfügbar unter http://www.bundesgesundheitsministerium.de/themen/praevention/gesundheitsgefahr en/sucht-und-drogen.html

Bundesministerium für Gesundheit (Hrsg.). (2017b). *Alkohol? Kenn dein Limit.* Zugriff am 15.03.2017. Verfügbar unter http://bundesgesundheitsministerium.de/service/begriffe-von-a-z/a/alkohol.html

Bundeszentrale für Gesundheitliche Aufklärung (Hrsg.). (2017). *Rauchfrei.* Zugriff am 16.03.2017. Verfügbar unter http://www.rauchfrei-info.de/

Deutsche Hauptstelle für Suchtfragen (Hrsg.) (2017). *Daten und Fakten.* Zugriff am 10.03.2017. Verfügbar unter http://www.dhs.de/datenfakten.html

Dohnke, B., Müller-Fahrnow, W. & Knäuper, B. (2006). *Der Einfluss und Ergebnis- und Selbstwirksamkeitserwartungen auf die Ergebnisse einer Rehabilitation nach Hüftgelenkersatz.* In *Zeitschrift für Gesundheitspsychologie,* 14 (1) (S. 11-20). Göttingen: Hogrefe.

Ennenbach, M., Gass, B., Reinecker, H. & Soyka, M. (2009). Wirksamkeit betrieblicher Suchtprävention. Ergebnisse einer empirischen Untersuchung. *Nervenarzt, 9 (80)* (S. 305-314). Springer.

Faselt, F. & Hoffmann, S. (2010). Transtheoretisches Modell. In S. Hoffmann & S. Müller (Hrsg.), *Gesundheitsmarketing: Gesundheitspsychologie und Prävention.* Bern: Hans Huber.

Hohmann, C., Schwarzer, R. (2009). Selbstwirksamkeitserwartung. In J. Bengel (Hrsg.), *Handbuch der Gesundheitspsychologie und medizinischen Psychologie* (S. 61-67). Göttingen u.a.: Hogrefe.

Institut für Therapie- und Gesundheitsforschung gGmbH (IFT-Nord) (Hrsg.). (2017). *Be smart – don't start.* Zugriff am 16.03.2017. Verfügbar unter https://www.besmart.info/be-smart/

John, U. (1999). Epidemiologie. In M. Gastpar, K. Mann & H. Rommelspacher (Hrsg.), *Lehrbuch der Suchterkrankungen* (S. 3-14). Stuttgart: Thieme.

Kielholz, P. & Ladewig, D. (1972). *Die Drogenabhängigkeit des modernen Menschen. Eine Darstellung der aktuellen Drogensucht-Probleme und der verschiedenen Drogen sowie Ursachen, Abhängigkeitstypen und Behandlung der Drogenabhängigkeit.* München: F.F. Lehmanns.

Knoll, N., Scholz, U. & Rieckmann, N. (2013). *Einführung Gesundheitspsychologie* (3. Aufl.). München: Ernst Reinhardt.

Lampert, T., Von der Lippe, E. & Müters, S. (2013). Verbreitung des Rauchens in der Erwachsenenbevölkerung in Deutschland – Ergebnisse der Studie zur Gesundheit Erwachsener in Deutschland (DEGS1). *Bundesgesundheitsblatt 2013, 56,* S. 802-808.

Lampert, T. & Kuntz, B. (2014). Tabak- uns Alkoholkonsum bei 11- bis 17-jährigen Jugendlichen. Ergebnisse der KIGGS-Studie – Erste Folgebefragung (KIGGS Welle 1). *Bundesgesundheitsblatt 2014,* S. 830-839.

Prochaska, J.O. (1979). *Systems of psychotherapy: A transtheoretical analysis.* Oxford: Dorsey.

Prochaska, J.O. & DiClemente, C. (1984). *The transtheoretical approach: Crossing traditional boundaries of therapy.* Homewood: Dow Jones Irwin.

Schmid, S., Keller, S., Nigg, C. & Basler, H.-D. (1999). Das Transtheoretische Modell und die Förderung körperlicher Aktivität. In S. Keller (Hrsg.), *Motivation zu Verhaltensänderung. Das Transtheoretische Modell in Forschung und Praxis* (S. 145-158). Freiburg i. Br.: Lambertus.

Schneider, J. & Rief, W. (2007). Selbstwirksamkeitserwartungen und Therapieerfolge bei Patienten mit anhaltender somatoformer Schmerzstörung (ICD-10: F45.4). *Zeitschrift für Klinische Psychologie und Psychotherapie*, 36 (1) (S. 46-56). Göttingen: Hogrefe.

Schwarzer, R. (2002). Selbstwirksamkeitserwartung. In R. Schwarzer (Hrsg.), *Gesundheitspsychologie von A bis Z: ein Handwörterbuch* (S. 521-524). Göttingen u.a.: Hogrefe.

Schwarzer, R. (2004). *Psychologie des Gesundheitsverhaltens: Einführung in die Gesundheitspsychologie* (3. Aufl.). Göttingen u.a.: Hogrefe.

Schwarzer, R., Jerusalem, M. (2002). Das Konzept der Selbstwirksamkeit. In M. Jerusalem & D. Hopf (Hrsg.). *Selbstwirksamkeit und Motivationsprozesse in Bildungsinstitutionen* (S. 28-53). Weinheim u.a.: Beltz.

Stauder, C. (2009). *Stress am Arbeitsplatz als Ursache für psychische Störung und Suchtverhalten.* Oldenburg: Igel Verlag.

Suhr-Brunner, C. (1994). *Fürsorgerische Freiheitsentziehung und Suchterkrankungen, insbesondere Drogensucht.* Zürich: Schulthess Plygraphischer Verlag.

Walter, M., Dürsteler, K.M., Petitjean, S.A., Wiesbeck, G.A., Euler, S., Sollberger, D., et al. (2015). Psychosoziale Behandlungen bei Suchterkrankungen - Suchtspezifische Psychotherapieformen und ihre Wirksamkeit. *Fortschr. Neorol. Psychiatr, 83*, 201-210.

Warner, L. (2017). Selbstwirksamkeitserwartung. In M.A. Wirtz (Hrsg.), *Dorsch – Lexikon der Psychologie*. Abgerufen am 02.02.2017, von https://portal.hogrefe.com/dorsch/selbstwirksamkeitserwartung/

Wormer, E.J. & Bauer, J.A. (2004). *Medizin und Gesundheit. Neues großes Lexikon*. Köln: Lingen.

5 Abbildungs- und Tabellenverzeichnis

5.1 Abbildungsverzeichnis

5.2 Tabellenverzeichnis

BEI GRIN MACHT SICH IHR WISSEN BEZAHLT

- Wir veröffentlichen Ihre Hausarbeit,
  Bachelor- und Masterarbeit

- Ihr eigenes eBook und Buch -
  weltweit in allen wichtigen Shops

- Verdienen Sie an jedem Verkauf

Jetzt bei www.GRIN.com hochladen
und kostenlos publizieren